L'HISTOIRE DE FRANCE

ÉCOLE DE PATRIOTISME

DISCOURS

PRONONCÉ A LA

DISTRIBUTION DES PRIX DU COLLÈGE DE CHALONS

LE LUNDI 4 AOUT 1879,

PAR M. CRESSON, PROFESSEUR D'HISTOIRE.

CHALONS-SUR-MARNE

IMPRIMERIE T. MARTIN, PLACE DU MARCHÉ-AU-BLÉ, 50.

1879.

L'HISTOIRE DE FRANCE

ÉCOLE DE PATRIOTISME.

DISCOURS

PRONONCÉ A LA

DISTRIBUTION DES PRIX DU COLLÈGE DE CHALONS

LE LUNDI 4 AOUT 1879,

PAR M. CRESSON, PROFESSEUR D'HISTOIRE.

CHALONS-SUR-MARNE

IMPRIMERIE T. MARTIN, PLACE DU MARCHÉ-AU-BLÉ, 50.

1879.

L'HISTOIRE DE FRANCE

ÉCOLE DE PATRIOTISME.

Dans les fêtes antiques, qui réunissaient la fleur de la
Grèce dans la plaine de Delphes ou dans les bois sacrés de
Pise ; quand les vainqueurs, encore tout émus des acclamations de l'immense assemblée, attendaient, assis sur le
banc d'honneur, le prix de la lutte et de la victoire, un
poète sortait de la foule et venait prendre place sur un
trône d'or. Puis, la couronne de chêne sur la tête, la lyre
à la main, il exaltait dans des strophes enflammées les
mérites des lauréats du jour et de la génération présente,
le génie éternellement fécond de la Grèce. Il célébrait les
exploits et les vertus des ancêtres, la gloire et la beauté
impérissable de la commune patrie. Ses chants remplissaient les cœurs de la plus noble émulation. Les âmes
étaient frappées d'enthousiasme au souvenir des citoyens
illustres qui avaient été l'honneur des siècles passés, et
dont les actions demeuraient comme un trésor de gloire,
comme un héritage que tous seraient appelés à augmenter.
Ainsi se perpétuait, dans la solennité de ces nobles combats
de l'intelligence et du corps, la tradition des lois, des
mœurs et des hauts faits de la cité antique ; ainsi se
formait l'esprit public et se transmettait d'âge en âge le
sentiment de la patrie.

Chargé de porter la parole en ce jour, où des vainqueurs, dont les plus âgés ont à peine atteint l'adolescence, vont recevoir la récompense pacifique des premiers efforts de la vie, je voudrais aussi, jeunes gens, allumer dans vos cœurs une flamme pure et féconde, une passion qui fera la noblesse et la dignité de votre vie : l'*amour de la France*. Et que puis-je faire de plus opportun que de vous entretenir un instant d'un poëme plus sublime que l'Iliade, d'un récit plus beau et plus attrayant que les livres d'Hérodote, d'un drame plus émouvant et plus magnifique que les tragédies d'Eschyle ou de Sophocle, drame dans lequel paraissent des personnages plus vaillants et plus irréprochables que les héros des temps anciens; où se déroulent des scènes, où s'accomplissent des événements d'un ordre si élevé qu'on a pu les nommer les Actes de Dieu même, *Gesta Dei per Francos*. J'ai désigné l'histoire de France, ou plutôt du peuple de France.

L'histoire de France est l'école la plus forte, la plus complète du patriotisme. Que dis-je? elle en est l'expression même. Je ne rechercherai point ici quels sont les éléments du patriotisme pour le définir suivant la rigueur philosophique. Je me contenterai de dire qu'il offre une des formes les plus excellentes de la grandeur de l'homme. N'est-il pas, en effet, la vertu des sociétés, le principe générateur des peuples ? Le vrai citoyen franchit le cercle étroit où s'agitent ses intérêts; il se souvient qu'il fait partie d'une grande famille, habitant la même contrée, obéissant aux mêmes lois, accomplissant la même œuvre, gardant comme un legs sacré le dépôt des traditions nationales, cheminant enfin vers un avenir commun, sur les traces des générations passées. Cette pensée l'anime et le remplit d'une noble ardeur ; il veut aussi joindre son action à l'action de tous, travailler sous les yeux de la cité, se signaler parmi les plus utiles, mériter le salaire des bons serviteurs. Dès lors, ses pensées et ses œuvres reçoivent comme un reflet de la magnificence de cette patrie à laquelle elles sont consacrées. Et quand, aux recherches de son intelligence, à l'exemple de ses vertus, il ajoute le dévouement et l'amour ; quand, pour assurer l'indépendance de la terre qui l'a nourri, il ne craint pas de donner sa vie, aussitôt il monte dans la région supérieure des héros et des martyrs. Gloire immortelle à ceux qui sont morts pour cette cause sacrée !

Le lecteur qui parcourt les pages de notre histoire est justement frappé du nombre de héros que la France a enfantés et de la suite ininterrompue de martyrs qu'elle a suscités. Combien l'ont illustrée par leur valeur guerrière ! Combien l'ont honorée par leurs vertus civiques ! Combien sont morts pour sa gloire ou son indépendance ! Mais combien plus encore l'ont enrichie de leurs œuvres, l'ont alimentée de leur travail ! Les sentiments qu'elle a inspirés semblent revêtir un caractère de personnalité qui tient à ce qu'il y a de tendre et d'élevé dans l'homme ; on l'admire comme on admire un loyal et brave soldat ; on la vénère et on l'aime comme une mère. La France, cette personne incomparable, pour me servir de l'expression de Michelet, a donné le spectacle d'un peuple en qui l'on retrouve, à travers des défaillances et des oublis inséparables de toute société humaine, l'unité dans la pensée, la variété, je dirai, l'infinité dans l'action. Ce peuple, on a pu lui reprocher sa légèreté et son instabilité ; cependant, il serait injuste de dire qu'il a manqué de constance dans le malheur, de générosité et de modération dans la prospérité. Toujours il s'est montré prêt à livrer le combat de la justice contre la force, armé pour étendre aux dépens de la barbarie le domaine de la civilisation. Ses qualités natives éclatent en toute circonstance. Il est dans son naturel au milieu des périls de la guerre ; il est plein de ressources dans les loisirs de la paix. Les occupations des champs, les recherches et les labeurs de l'industrie, aussi bien que les travaux de l'esprit, lui conviennent également : il accepte toutes les tâches honnêtes. Son génie est infatigable comme son cœur est ardent ; ce génie souple et hardi descend avec facilité des spéculations de la science dans les luttes de la vertu. Non-seulement il invente, mais il imite, il met en œuvre, il imprime sur tous ses ouvrages un je ne sais quoi d'original et de neuf, qui est comme son cachet propre : il a le don d'assimilation.

Dans un autre ordre, il transforme ses mœurs, il réforme ses lois, il adapte ses institutions à la marche et au caractère des temps. Apôtre en même temps que créateur, il s'en va jusqu'aux extrémités de la terre porter le flambeau dont il s'est d'abord éclairé : il est l'un des instituteurs de l'humanité.

Un homme d'Etat illustre, qui fut aussi un maître de la science, Guizot, en abordant l'histoire de la civilisation, donne les raisons pour lesquelles, ayant à retracer les progrès des institutions humaines, il a pris l'histoire de la France pour type et pour guide. Le patriotisme, sans doute, a trouvé son compte dans cette préférence, mais il ne l'a pas déterminée.

« La préférence que l'opinion désintéressée de l'Europe
» accorde à la civilisation française est philosophiquement
» légitime. C'est le résultat d'un jugement instinctif,
» confus, sans doute, mais bien fondé sur la nature de la
» civilisation en général et ses véritables éléments. Il m'a
» paru, continue le célèbre penseur, que la civilisation
» consistait essentiellement dans deux faits : le dévelop-
» pement de l'état social et celui de l'état intellectuel : le
» développement de la constitution extérieure et générale
» et celui de la nature intérieure et personnelle de
» l'homme ; en un mot, le perfectionnement de la société
» et de l'humanité. »

En Angleterre, le développement social devance le développement intellectuel.

En Allemagne, un phénomène assez étrange se produit : la civilisation y reste longtemps à l'état purement intellectuel et ne descend que lentement dans le domaine des faits ; en dehors de la classe des savants et des lettrés, la société est grossière d'abord et imparfaite ; elle n'est acheminée qu'à la dernière heure vers cette maturité qu'elle présente aujourd'hui.

L'Italie a produit des intelligences de premier ordre ; elle a formé des sociétés parfaitement organisées ; mais là, les maîtres de la pensée et les maîtres de la société n'ont presque jamais été d'accord, presque jamais la politique ne s'est réglée sur les idées générales. Dans sa marche souvent lumineuse, l'Italie a fait de nombreuses haltes, et sa civilisation, exquise par tant de côtés, a longtemps manqué de suite et d'unité.

Parlerons-nous de l'Espagne ? Cette nation offrit, aux XV⁰ et XVI⁰ siècles, un spectacle unique ; elle semblait avoir le privilège de produire des grands hommes dans tous les genres. Mais depuis, elle est tombée pour ne plus se relever ; elle s'est isolée ; elle n'a plus aucune action au dehors.

L'action civilisatrice de la France « s'est constamment » exercée sur elle-même et au-dehors. L'homme et la » société y ont toujours marché, grandi, je ne dirai pas de » front et également, mais à peu de distance l'un de » l'autre. » La civilisation française n'a pas eu de temps d'arrêt : comme un foyer inépuisable, elle a versé sur les peuples, à toutes les époques, la lumière morale et intellectuelle.

C'est la France qui a constitué l'ordre politique européen. Quand le bras de Clovis eut rétabli l'unité de la Gaule, la monarchie des Francs, la fille aînée de l'Eglise, — la fille aînée de la civilisation — déborda par-delà les Alpes et le Rhin. Charlemagne poussa le flot jusqu'aux limites extrêmes du monde occidental, refit l'empire d'Occident, c'est-à-dire construisit l'Europe sur des assises inébranlables. Bientôt les eaux se retirèrent avec violence, emportant les débris de l'édifice carlovingien. Mais si les peuples brisèrent la faible main des successeurs du grand Charles, si, détachés du fleuve immense, des courants sans nombre et divisés à l'infini se précipitèrent dans toutes les directions, jusqu'au moment où la notion même de l'unité sembla disparue pour jamais, la pensée du civilisateur plana sur l'abîme et bientôt elle se dégagea du chaos, comme la charpente indestructible d'un immense bâtiment subsiste sur les ruines des murs. Alors, du sein de cette poussière de peuples, de ces ruines qui attendaient un nouveau créateur, un grand peuple surgit ; c'est le même qui avait fourni le plan et les assises du premier monument. Sur toutes les parties du sol français, les communes se formèrent. Elles apprirent qu'elles étaient sœurs quand un grand péril les menaça. Elles se tendirent la main, et le grondement de l'invasion fut comme la voix qui fit sortir Lazare du sépulcre.

La nation des Francs était ressuscitée. De ce jour, recommença le travail de la grandeur nationale ; les institutions de la France se développèrent sous la direction habile des Philippe-Auguste, des saint Louis et des Philippe-le-Bel. De nouveau, l'édifice s'éleva, présentant des proportions plus modestes, mais plus fortes. La guerre de Cent-Ans, comme une tempête furieuse, parut l'ébranler : elle ne fit que mettre à l'épreuve sa solidité ; elle fut le ciment puissant qui lui donna la cohésion. Un malheur commun avait rassemblé toutes les classes de la nation : la noblesse, vaincue et humiliée, accepta l'appui du peuple, et la monarchie française, reconstituée par le réveil du sentiment national, présenta enfin, réunies dans un faisceau, toutes les forces du premier Etat du monde.

La France, avant tous les peuples, opéra cette révolution politique, cette œuvre d'unification et de salut, grâce à laquelle elle allait pouvoir traverser les mauvais jours des trois derniers siècles. Longtemps elle présenta seule un corps complet d'institutions politiques, sans autre rivale sur ce point que l'Angleterre. ,

Ainsi forte et mûre de bonne heure, la France a livré le combat éternel de la civilisation et de la liberté. Ce serait abuser de votre attention, Messieurs, que d'appuyer par des preuves, fort superflues d'ailleurs, ce fait glorieux de notre histoire. Il éclate à chaque page. En anéantissant à Poitiers les nombreux escadrons d'Abdérame, que faisaient les soldats du Martel ? Ils arrêtaient l'essor de la conquête arabe ; ils sauvaient de la barbarie de l'Islam les nations de l'Evangile. Et que signifient les Croisades, sinon l'Europe affranchie, le grand commerce rétabli ou créé, la sécurité reconquise ? Cette gloire n'appartient-elle pas surtout à la France, et les Orientaux ont-ils connu d'autres Croisés que les Francs ?

Quand la maison d'Autriche possédait la moitié de l'Europe et menaçait d'asservir l'autre ; quand, sur toutes les frontières, elle tenait la France enserrée, la noble nation tira l'épée et lutta vaillamment durant deux siècles. L'avouerons-nous ? Ce rôle, ce poste d'honneur, elle l'a parfois, je ne dirai pas déserté, mais oublié. L'histoire lui reproche deux fautes capitales; nous ne les amoindrirons pas ; nous aurons le courage d'avouer qu'elles jettent une ombre sur notre histoire, tout en proclamant qu'elles sont contraires à nos traditions chevaleresques, et qu'elles doivent être mises au compte de l'incapacité ou de la folie criminelle de ces gouvernements, qui dépensèrent en aveugles les ressources et le sang de la France. Il est une infortune qu'elle n'a pu soulager et une injustice qu'elle n'a pas su venger ; cette infortune et cette injustice, il semble que ce soit elle-même qui les ait souffertes. Son cœur a longtemps saigné pour l'Irlande et la Pologne !. ...

Un jour encore, la France, se faisant la complice de

l'ambttion d'un soldat de génie, rechercha la grandeur pour la grandeur même, c'est-à-dire la domination. Elle conquit l'Europe en lui disant qu'elle venait la délivrer ; mais elle oublia sa promesse, et, au lieu de provoquer l'élan, elle inspira la défiance ; en place de reconnaissance, elle recueillit la crainte, et l'Europe ne se souvint plus des bienfaits de la France. Toute couverte encore des monuments de notre civilisation, elle construisit des forte-resses, forma des ligues, amoncela des digues pour arrêter l'irruption de nos armées. La France avait été invoquée jusque-là par les faibles et par les proscrits.

« C'est le plus beau fleuron de ma couronne, disait un » de nos rois, que de donner asile aux exilés injustement » persécutés. » Que d'opprimés de toutes les nations sont venus à toutes les époques demander à la France la paix et ont vécu à l'ombre de sa protection. Le contraire était-il possible ? Par qui, si ce n'est par la France, l'Europe a-t-elle connu le prix de la liberté ? Et quelle contradiction de violer un droit qu'elle avait toujours mis un soin jaloux à faire respecter des autres ; d'abandonner, pour des conquêtes limitées et incertaines, une influence morale qui s'étendait sur le monde entier, depuis les temps les plus reculés ? Car, semblable aux temples des anciens dieux et aux basiliques de l'Eglise primitive, la France a paru comme la forteresse élevée contre l'oppression, l'asile des proscrits, le refuge des persécutés et des faibles. Les plus éloignés se sont souvenus d'elle dans les mauvais jours ; elle a protégé les chrétiens d'Orient ; elle a affranchi la Grèce ; elle a répandu sur le sol de l'Europe des semences de liberté qui ont produit d'abondantes moissons. Les institutions qu'elle s'est données en 1791 ont, comme son drapeau, fait le tour du monde, et si les peuples jouissent maintenant de l'indépendance politique et des droits civils, c'est surtout à elle qu'il le doivent. Telle est la mission de liberté, de justice et d'amour que la France n'a cessé d'accomplir. Tels sont ses titres au culte de ses enfants, j'allais dire à la reconnaissance du monde. Cette reconnaissance, pourquoi le nier ? n'a pas toujours été payée. Mais on n'exagère pas en affirmant que la France a tenu, tient encore la plus grande place dans le cœur de l'Europe. Elle en est toujours comme le centre, la patrie morale et intellectuelle.

Du moins, la tendresse de ses enfants l'a surabondamment consolée. Sans remonter le cours des siècles ni rappeler à vos souvenirs tant de traits immortels du patriotisme français, tant d'actes chevaleresques qui constituent les titres impérissables de notre noblesse nationale, qu'il me suffise, Messieurs, d'évoquer devant vous la grande image de 89, la légende glorieuse, que dis-je ? l'histoire authentique des héros populaires de Valmy, de Fleurus, de Zurich et de Bergen. . . . . Dans cette crise formidable de notre existence nationale, qui, dans la suite des siècles, restera la date d'une ère nouvelle, le peuple, devenu la nation, devenu la France, en possession de lui-même, eut à défendre l'indépendance qu'il venait de conquérir, et la patrie qui l'avait enfanté dans les larmes et dans le sang. Il fut à la hauteur de son rôle, il repoussa l'Europe qui avait assailli nos frontières. Ainsi il s'éleva à cette noblesse du sacrifice, la plus haute de toutes. Lui qui n'était rien auparavant, il fut, selon le mot de Sieyès, tout à partir de ce jour ; il put enfin devenir légitime possesseur de ce sol arrosé de son sang.

O peuple de France, ardent et indomptable, viennent des jours à jamais exécrés ! Que l'invasion, comme une nuit funeste, désole notre pays ; que les bataillons de l'étranger, animé par le génie de la force et de la destruction, brisent notre frontière désarmée et se répandent dans nos campagnes et dans nos villes endormies, tu te lèves au cri désespéré de la Patrie ; tu t'arraches, frêle adolescent, aux embrassements d'une mère. Homme déjà mur, tu négliges les soins de ta maison ; tu quittes la charrue, l'atelier, le bureau, le magasin ; sans avoir appris la guerre, tu deviens soldat en face de l'ennemi. La cause que tu défends a pu momentanément succomber ; ton dévouement a du moins honoré et consolé sa défaite.

Aimons-la donc, jeunes gens, cette grande et belle Patrie, comme elle a été aimée de nos pères, cette France qui éveille encore sous les cieux les plus lointains des sentiments de regret et de bienveillance ; chérissons-la surtout dans ces jours de deuil, quand ses ennemis triomphent et chantent sur ses ruines. Déjà elle sort de l'accablement où l'avait jetée une agression formidable et inattendue ; elle regarde avec confiance l'avenir où la guide le génie de la liberté, comptant sur ses traditions immortelles et sachant que si elle disparaissait l'Europe aurait perdu le centre de son équilibre et ressemblerait à un vaisseau sans boussole au milieu de l'Océan bouleversé. ..

Un jeune sculpteur, l'une de nos plus brillantes espérances, M. Mercié, a exposé cette année au salon deux sujets également appréciés : la statue d'Arago et le tombeau de Michelet. La science anatomique est admirable, la pensée éloquente, le sentiment profond, l'expression hardie. Le tombeau de Michelet attire particulièrement le regard et provoque la réflexion du visiteur. Le grand historien, couché dans la tombe, repose et semble attendre le réveil. Penché vers lui, le Génie de l'histoire se tient debout, la tête couverte d'un long voile pendant sur les côtés, l'œil attristé et pourtant plein d'espérance, le bras étendu vers une aurore qui apparaît dans le lointain : cette aurore représente l'avenir. L'attitude, les traits des personnages, cette tombe ouverte devant cette lumière qui vient d'en haut, tout dans ce monument exprime cette pensée sortie des profondeurs de l'âme de celui qui fit chanter avec tant d'éclat les voix immortelles de l'histoire :

L'Histoire est une résurrection. . . . .

Mais une idée plus générale, une impression sublime s'empare de l'âme en présence de ce groupe, qu'il est impossible de contempler sans penser à la situation de la France. Plus on réfléchit, plus le rapprochement est saisissant : Michelet dans la tombe, c'est la nation française. Elle n'est pas morte, elle sommeille ; elle attend dans un silence solennel l'heure du réveil. C'est comme une extase réparatrice après des labeurs et des douleurs plus redoutables que la mort. Elle revit dans la gloire de son passé. Elle espère, elle regarde tranquille l'avenir lumineux qui s'annonce pour elle à l'horizon des âges. Naguère ses ennemis ont pu la croire blessée à mort ; elle les a promptement détrompés, et voilà que, dans son repos, elle montre une surabondance de vie et des ressources qui les étonnent.

Le Génie de l'histoire, c'est celui de la France même. Il est encore dans la tristesse ; mais son visage reflète déjà les premières lueurs d'une joie qui va faire bientôt explosion. C'est la conscience satisfaite d'une puissance qui, depuis neuf ans, silencieuse et recueillie, travaille à son relèvement. Cette activité intérieure ressemble à la période de solitude et de méditation, qui s'impose à toute existence considérable. L'âme s'y retrempe, le corps s'y refait, l'esprit y cherche et y trouve une nouvelle voie. . . .

Vous suivrez la France, chers élèves, dans cette voie nouvelle que l'expérience lui a enseignée, et, vous préparant par des études solides à devenir des citoyens utiles, des soldats intrépides et disciplinés, vous compterez tous, à divers titres, parmi les artisans de sa grandeur future.

Châlons, imp. T. Martin.